Другие книги Шри Дайя Маты:

«Только любовь»
*Как жить духовной жизнью
в изменчивом мире*

«Как найти радость внутри себя»
*Духовные советы о том, как сделать Бога
центром своей жизни*

*Intuition:
Soul-Guidance for Life's Decisions*

В тишине сердца

Как установить доверительные отношения с Богом

Шри Дайя Мата

В данной книге представлены выдержки из писем и лекций Шри Дайя Маты. Эти лекции были прочитаны ею на собраниях духовных искателей в Америке и Индии, где она рассказывала о различных аспектах духовной жизни. Лекции Шри Дайя Маты публиковались в журнале *Self-Realization*, а также в сборниках «Только любовь» (1976) и «Как найти радость внутри себя» (1990).

Название англоязычного оригинала, издаваемого
обществом Self-Realization Fellowship, Лос-Анджелес, Калифорния:
Enter the Quiet Heart

ISBN: 978-0-87612-175-7

Перевод на русский язык: Self-Realization Fellowship

Copyright © 2025 Self-Realization Fellowship

Все права защищены. Без предварительного разрешения Self-Realization Fellowship перепечатка (за исключением кратких цитат для рецензий) и распространение книги «В тишине сердца» (Enter the Quiet Heart) в любой форме — электронной, механической или любой другой, существующей сегодня или в будущем, включая фотокопирование, звуковую запись или хранение ее в информационных и принимающих системах — является нарушением авторских прав и преследуется по закону. За справками обращайтесь по адресу: Self-Realization Fellowship, 3880 San Rafael Avenue, Los Angeles, California 90065-3219, USA

 Авторизовано Международным издательским советом
Self-Realization Fellowship

Название общества *Self-Realization Fellowship* и его эмблема, помещенная выше, присутствуют на всех книгах, аудио- и видеозаписях, а также других публикациях SRF, удостоверяя читателя, что он имеет дело с материалами организации, которая основана Парамахансой Йоганандой и передает его учения точно и достоверно.

Первое издание на русском языке, 2025
First edition in Russian, 2025
Издание 2025 года
This printing, 2025

ISBN: 978-1-68568-237-8

1541-J8627

«Дарить всем любовь, чувствовать любовь Господа, зреть Его присутствие в каждом — именно так следует жить в этом мире».

— Парамаханса Йогананда

Предисловие

Каждый человек жаждет любви. С самого детства я страстно желала ее в своем сердце. Жизнь без любви для меня не имеет смысла. Но я знала, что несовершенная любовь никогда не принесет мне удовлетворения. Меня могла удовлетворить лишь безусловная любовь, та любовь, которая не способна разочаровать. Мой рассудок подсказывал мне, что в поисках совершенной любви я должна обратиться к ее Источнику, к Тому, Кто воистину сможет подарить мне такую любовь. Так начался мой путь к Богу.

Мне было семнадцать лет, когда в 1931 году мои поиски увенчались встречей, навсегда изменившей мою жизнь. В моем родном городе, Солт-Лейк-Сити, мне посчастливилось посетить лекции, которые давал истинно Божий человек, Парамаханса Йогананда*. В последующие годы он указал мне путь, полностью удовлетворивший мою многолетнюю душевную жажду — желание познать совершенную божественную любовь — ту всепоглощающую любовь, которую можно испытать, лишь обретя единство с Вечным Возлюбленным наших душ.

Когда я путешествовала по миру, многие люди подходили ко мне с вопросами: «Как

---

* См. стр. 121.

найти более глубокий смысл в жизни?», «Что может заполнить ту пустоту, которую я ощущаю в своем сердце, постоянно ища чего-то нового?», «Где та любовь, которой мне так не хватает?»

В основу этой книжки легли мои ответы вопрошающим.

В тишине сердца

Как величественна та любовь, как благодатен тот покой, как пьянит та радость, что ждут вас в безмятежных глубинах вашего существа! Именно там можно найти Бога.

Взывая к Богу всем сердцем, с искренним желанием постичь Его и почувствовать Его любовь, мы неизменно получаем от Него ответ. Это сладостное присутствие Божественного Возлюбленного становится для нас наивысшей реальностью. Оно приносит нам чувство полного удовлетворения. Оно преображает нашу жизнь.

Бог — прибежище покоя, любви, умиротворения и понимания; в Нем мы можем черпать силы, необходимые нам для борьбы с бесчисленными трудностями жизни.

В каждом из нас есть храм тишины, огороженный от суматохи этого мира. Какими бы ни были внешние обстоятельства, когда мы погружаемся в это святилище душевного покоя, мы ощущаем блаженное присутствие Господа и заряжаемся Его силой и покоем.

Пусть ваш ум как можно чаще (а еще лучше — непрестанно) покоится в мысли о Боге. В этой мысли мы черпаем силы, мудрость и великую любовь, которой так жаждет наша душа. Мысленно укоренитесь в единственной неизменной реальности — в Боге.

Если мы исследуем свое внутреннее «я», мы обнаружим там жажду, страстное желание, потребность в такой любви, которая принесла бы нам совершенное удовлетворение, а также в полной защищенности, которую не способны дать ни деньги, ни здоровье, ни интеллектуальность.

Только в Боге можно найти защищенность и совершенное удовлетворение, которых вы так жаждете. Ничто в мире не сравнится с блаженством сладостных и непорочных отношений между душой и ее возлюбленным, Господом.

Нас может разочаровать или даже отвергнуть весь мир, но, если нам удалось установить нежные и сладостные отношения с Богом, мы никогда не будем чувствовать себя оставленными или одинокими. Рядом с нами всегда будет этот истинный Друг, эта истинная Любовь, эта истинная Мать и этот истинный Отец. Господь принимает тот аспект Божественного, который наиболее близок именно вам.

Если вы поставите Его на первое место, сладость Его присутствия наполнит вашу душу и всю вашу жизнь. Когда я заглядываю внутрь и спрашиваю себя, есть ли у моей души какая-либо потребность, я всегда получаю один и тот же ответ: нет того, в чем я нуждаюсь, ибо возлюбленный Господь полностью удовлетворяет мою душу.

Только Бог может удовлетворить наши глубочайшие потребности... Тот, кто это уже осознал, ищет способы стать к Нему ближе. Лично я избрала очень простой путь: прежде всего, нужно возжелать Бога, а потом уже выстраивать с Ним отношения, основанные на преданной любви.

Чтобы установить близкие отношения с Богом, вы сперва должны познакомиться с Ним. Если вас попросят полюбить человека, которого вы не знаете, вам будет очень трудно это сделать, даже если вам расскажут о прекрасных качествах этого индивидуума. Но если вы встретитесь с этим человеком лично и проведете с ним какое-то время, вы узнаете его поближе, он вам понравится и вы его полюбите. Точно так же взращивается любовь к Богу.

Возникает вопрос: а как Его постичь? Для этого есть медитация. Все священные писания призывают того, кто ищет Бога и хочет познать Его, садиться в тишине и общаться с Ним. Наши учения делают акцент на практике техник медитации, а также на молитве и духовных песнопениях. Здесь необходим конкретный метод. Вы не сможете познать Бога, просто прочитав книгу о божественной радости или любви. Духовная литература, конечно, вдохновляет, вселяет веру и энтузиазм, но она не приводит человека к конечной цели. То же касается и прослушивания лекций о Боге. Что действительно нужно делать — так это сидеть в тишине и, мысленно отстраняясь от всего мира и сосредотачиваясь только на Боге, глубоко медитировать каждый день — пусть даже по несколько минут. Со временем вы Его постигнете, а постигнув Его, вы уже не сможете Его не любить.

Берегите в своей душе тихий уголок, где вы можете ежедневно побыть наедине с Богом.

На протяжении дня нам представляются неисчислимые возможности обратиться умом внутрь себя — пусть даже на мгновение — и поговорить с Богом.

Если вы будете глубоко общаться с Богом хотя бы десять минут в день, думая в это время только лишь о Нем, вы узрите поразительные перемены в своей жизни. Можете в этом не сомневаться.

Вовсе необязательно возносить длинные молитвы, чтобы тронуть сердце Всевышнего. Всего одна мысль, непрестанно идущая из глубины души, принесет вам изумительный отклик от Бога.

Мне лично не нравится использовать слово «молитва», которое вроде как предполагает формальное, одностороннее обращение к Богу. Для меня самая естественная, искренняя и действенная форма молитвы — это разговор с Богом, общение с Ним как с самым близким, самым дорогим другом.

Какой способ покорить кого-либо наиболее прост? Очевидно, что проще всего сделать это не умом, но любовью. Из этого следует, что покорить Бога можно, только полюбив Его.

Обращаясь к своему ребенку, к мужу или жене, к родителям, вы легко можете сказать: «Я люблю тебя». И вас это не смущает. Аналогично этому, вы можете уединяться в маленькой часовне вашего сердца и говорить: «Я люблю Тебя, Господи».

Проще всего привлечь внимание Бога с помощью преданной любви.

Когда мне говорят: «Я не знаю, как любить Бога, я не знаю, как с Ним общаться», я отвечаю: «Вы можете приучить себя общаться с Богом, как общаетесь сейчас со мной, изливая мне душу». Бог удивительнейшим образом откликается на такое простое и искреннее к Нему отношение.

В основе отношений между душой и Богом лежит искренность. Под этим подразумевается способность обращаться к Богу открыто и прямо, говоря просто и от всего сердца: «Помоги мне, Господи».

Напускной набожности не место в молитве, она не производит впечатление на Бога. Его интересует то, что спонтанно исходит из нашего сердца.

Проще всего мне бывает получить от Бога ответ, когда я мысленно взываю к Нему всем сердцем: «Любовь моя, Любовь моя». Вы должны повторять эти слова снова и снова, даже если поначалу не можете их прочувствовать. Однажды вы произнесете их по-настоящему искренне. «Боже, Боже; Господи, Господи. Только Ты, только Ты». Достаточно этих простых слов.

Практикуйте техники медитации, пока не почувствуете покой и внутреннюю сосредоточенность. Затем выберите одну мысль и повторяйте ее снова и снова, отбросив все остальные мысли: «Я люблю Тебя, Господи. Лишь Тебя я хочу, лишь Тебя, мой Господь». До чего же приятно говорить с Богом на языке своего сердца! Таким вот образом можно познать настоящую любовь и настоящую радость.

Мысли преданного верующего во время медитации и по ее окончании обретают очень простую форму… Остается лишь искреннее изъявление сердца, ума и души: «Господи, мне нечего у Тебя просить, мне нечего от Тебя требовать, и сказать я могу лишь одно: я люблю Тебя. Все, чего я хочу, — наслаждаться этой любовью, лелеять ее, льнуть к ней всей душой и испивать ее. Ничто в этом мире — ни могучая сила ума, ни соблазн чувственных ощущений — не сможет увести мою мысль от Тебя и от любви, в которой я Тебе признаю́сь».

Привычку внутренне говорить с Богом и любить Его должны взращивать в себе не только те, кто живет в монастыре, но и миряне. Это вполне осуществимая задача, требующая лишь небольших усилий. Все выработанные вами привычки — это действия, которые вы регулярно делали либо физически, либо в уме, и они стали вашей второй сущностью. И вы сами их некогда породили. А теперь пришло время запустить тот же механизм мысли и действия, чтобы развить привычку мысленно говорить с Богом.

Просто говорите Богу своими словами — безмолвно, неслышно для других, — что любите Его. Говорите Ему об этом в тишине медитации. Говорите Ему об этом, находясь в шумной толпе или в офисе. Говорите Ему: «Я люблю Тебя, Боже. Я люблю Тебя, Господи». Пусть это будет последним, о чем вы думаете перед сном. Попробуйте начать прямо сегодня. Это так прекрасно, так радостно! Когда вы засыпаете, а душа начинает погружаться в состояние покоя, пусть ваш ум нежно и безмолвно поет: «Господи, Господи, Любовь моя, Любовь моя, Боже».

Пребывайте в нескончаемом безмолвном потоке одной мысли: «Господи, я люблю Тебя» — и неважно, печальны вы или радостны, здоровы или не очень, хорошо у вас идут дела или плохо. И говорите это от всего сердца.

Жизнь становится настолько слаще, настолько прекраснее, когда я соотношу все свои ощущения с Богом! Я могу посмотреть на души и сказать: «Друзья мои, я их люблю». Я могу посмотреть на птиц и деревья и сказать: «Я люблю их». Но при этом меня не покидает осознание: «Это Тебя я люблю, Господи. Ты дал мне глаза, чтобы я могла видеть красоту во всех и во всем, что Ты сотворил».

Когда я вижу людей, чьи умы переполнены проблемами — неудовлетворенностью, печалью, разочарованиями, — душа болит за них. Почему люди подвергаются таким страданиям? На то есть одна причина: они позабыли о своих Божественных корнях. Если вы уже осознали, что в жизни вам не хватает лишь только Бога, и ежедневно пытаетесь восполнить этот недостаток путем погружения в мысль о Боге во время медитации, однажды вы испытаете такое чувство целостности, такую совершенную удовлетворенность, что больше ни одно потрясение и беспокойство не сможет над вами властвовать.

Даже если в вашем сердце «засуха», все равно пытайтесь почувствовать к Нему любовь. Это должно стать вашим образом жизни, а не просто лишь практикой на несколько минут, часов, дней или лет. Делайте это каждый миг своей жизни — и до конца своей жизни. В конце пути вы встретите Божественного Возлюбленного, Который так долго вас ждал.

Каждый день может стать днем радости, воодушевления, мужества, силы и любви, если вы непрестанно общаетесь с Богом на языке своего сердца.

Большинство людей сдаются, держа в голове мысль, что Бог им не отвечает. Но Он явит Себя, когда Ему того захочется, и так, как Он посчитает нужным. Наша проблема в том, что мы забываем слушать, а ведь это неотъемлемая часть общения с Богом! В Библии сказано: «Остановитесь и познайте, что Я — Бог».

Как в этой, так и в других странах люди то и дело подходят ко мне и спрашивают: «Как это у вас получается столько часов подряд неподвижно сидеть в медитации? Чем вы занимаетесь в этот период неподвижности?» Йоги Древней Индии, преуспевшие в науке религии как никто другой на земле, обнаружили, что с помощью определенных техник можно успокоить ум так, что ни одна беспокойная мысль не сможет его потревожить или отвлечь. В зеркальной глади озера сознания вы созерцаем внутри себя отражение Господа.

Бог всегда рядом. Нет, Он не спускается к нам откуда-то с небес средь бела дня — Он всегда с нами, просто мы этого не знаем, потому что умом мы не с Ним. Перепады настроения, эмоциональные срывы, чрезмерная чувствительность, злоба и возникающее вследствие этого непонимание настолько искажают и затуманивают наше восприятие, что мы не замечаем Его присутствия.

Священные писания мира утверждают, что мы сотворены по образу и подобию Бога. Почему же мы тогда не ведаем, что мы так же непорочны и бессмертны, как и Он? Почему мы не ощущаем себя воплощением Его сущности?

Опять же, что говорят нам священные писания? «Остановитесь и познайте, что Я — Бог», «Непрестанно молитесь».

Если вы будете практиковать йогу регулярно и сосредоточенно, придет день, когда вы вдруг скажете себе: «О, да ведь я не тело — хоть и использую его для взаимодействия с этим миром; и я не ум с его гневливостью, ревностью, ненавистью, жадностью и беспокойством. Я есть это прекрасное состояние сознания внутри. Я сотворен по небесному образу Божьей любви и блаженства».

Богоискатели, живущие в постоянном осознании Господа, обнаруживают, что Он становится их внутренним центром, а их мысли постоянно вращаются вокруг того или иного аспекта Божественного. О Нем они думают: «Мой Господь, мой Отец, моя Мать, мое Дитя, мой Друг, Возлюбленный, Любовь моя, Родной мой».

Станьте ближе к Богу, почувствуйте, что вы Его дитя, Его друг, Его преданная душа. Мы должны наслаждаться жизнью, сознавая, что разделяем свои переживания с Тем, Кто в наивысшей степени добр, Кто нас всегда понимает и любит.

Большинство людей понятия не имеют, что такое Бог. Для многих это просто слово. Одни верят, что Он облачен в форму, другие полагают, что у Него ее нет. Вообще же глупо думать, что Он проявлен или не проявлен, ибо и то и другое верно. Сущность Господа безгранична, Он стал «всем для всех». Каждый искатель истины имеет право поклоняться Богу в той Его ипостаси, которая ему наиболее близка.

Важно, чтобы форма, в которую вы мысленно облекаете Бесконечное, вызывала у вас чувство преданной любви.

Если вы не можете поклоняться личностному аспекту Бога, тогда отбросьте все формы. Концентрируйтесь на том, что вам ближе, — на Бесконечной Благости, Бесконечном Разуме, Вездесущем Сознании.

Как-то раз мне сказали:

— Я не могу думать о Боге как об Отце. Я не могу следовать религии, призывающей любить Бога как Отца и молиться Ему как Отцу.

— А почему вас это огорчает? — вопросила я. — Бог пребывает во всём. Вот вы каким Его себе представляете?

— Я думаю о Боге как о Матери.

На это я ответила:

— Так пусть же Он будет в вашем представлении Матерью. Думайте о Бесконечном в таком аспекте. Однажды вы постигнете, что Бог вне всякой формы и в то же время — в мириадах форм.

Лично для меня Бог — бесконечная, бесформенная любовь. Иногда я думаю о Нем как о Возлюбленном, иногда как о Божественной Матери, а иной раз просто как о Любви. Осмыслить концепцию бесформенного Бога нетрудно, главное, помнить, что вы тоже не имеете формы. Электричество в лампочке не есть сама лампочка, вот и вы, душа, пребывающая в теле, не есть само тело. Созерцая Бога во всех и вся, вы опьяняетесь от одной только мысли о том или ином аспекте Божественного.

Не думайте о Боге как о некоем абстрактном понятии, или как о незнакомце, или как о тиране, который сидит на небесах и только и ждет, когда Ему представится возможность вас осудить и наказать. Думайте о Нем так, как вы хотели бы, чтобы думали о вас, если бы вы были Богом.

Ни один наш поступок не побудит Бога оставить нас. Он никогда от нас не отвернется.

Мы вовсе не обязаны быть совершенными, чтобы завоевать любовь Бога. Он любит нас и сейчас, даже несмотря на все наши недостатки и слабости.

Одна из самых больших наших слабостей заключается в том, что мы боимся Бога. Мы боимся открыть Ему, что же так тревожит нашу душу, наше сердце, нашу совесть. Это неправильно. Божественный Возлюбленный должен быть первым, кому мы рассказываем обо всех наших проблемах. Почему? Потому что Он знает о ваших слабостях еще до того, как они становятся очевидны для вас самих. Вы не скажете Ему ничего нового, но, поделившись с Богом тем, что вас тяготит, вы почувствуете в своей душе необычайное облегчение.

«Господи, я не боюсь задавать Тебе вопросы. Я никогда не робею перед Тобой и не чувствую себя неловко, ибо Ты — мой Возлюбленный. Тебе ведома простота моей души. Ты знаешь, что я стремлюсь к пониманию и мудрости. Ты видишь все мои хорошие качества и всю ту тьму, которую я пока не сумела развеять. Ты не наказываешь меня за недостатки, обступившие мою чистую душу, напротив, Ты мне помогаешь. Я не пытаюсь скрыть от Тебя свои несовершенства, о Господь. Смиренно и с любовью, незатейливо, исполнившись доверия, совсем как ребенок, я обращаюсь к Тебе с просьбой о помощи. И я буду просить Тебя о ней до тех пор, пока Ты мне не ответишь. Я никогда не опущу свои руки».

Господь не осуждает нас, когда нам случается оступиться, так что не нужно ругать себя почем зря. Вместо этого даруйте Богу больше любви. Возлюбите Его так сильно, чтобы ваши недостатки не смогли вас запугать, не смогли воспрепятствовать вашему продвижению к Нему.

Бог не всегда отвечает соответственно нашим заслугам, для Него важнее глубина нашего чувства к Нему.

Преподнесите Богу одну-единственную мысль, исполненную искренней любви и душевной тоски, и Он ответит: «Дитя Мое, всего один безмолвный зов твоей души, и Я тут как тут».

В моих отношениях с Богом мне нравится думать о Нем как о Божественной Матери. Отцовская любовь часто ведома холодным рассудком, она принимает в расчет заслуги ребенка. Материнская же любовь безусловна: когда речь заходит о родном ребенке, мать становится олицетворением любви, сострадания и прощения… К материнскому аспекту Бога мы можем обратиться как дитя, зная, что мать всегда будет любить нас, не принимая в расчет наши заслуги.

Отношения с Богом как с Матерью необычайно нежны. Мать любит, прощает, она всегда стоит на стороне своего ребенка, как бы он ни ошибался. Именно так Бог лелеет каждую душу. Божественная Мать думает о нашем благополучии и радуется, когда у нас все хорошо. Кто, как не мать, жаждет быть рядом со своим чадом, дарить ему утешение и радость? Помните об этой истине, взывая к Богу в глубине своей безмолвной медитации.

Медитация, любовь к Богу и безмолвное общение с Ним на языке своего сердца даруют способность любить чистой и безусловной любовью. Кажется, ни одно мгновение моей жизни не обходится без общения с Ним. Я не зацикливаюсь на том, говорит Он со мной или нет. Возможно, это звучит несколько странно. Я знаю лишь то, что меня наполняет великая радость, когда я, общаясь с Богом, внезапно ощущаю необычайный прилив божественной любви, блаженства и мудрости в своем сознании. В такие моменты меня озаряет мысль: «О Божественная Мать, это Ты даешь мне необходимое в жизни».

Всякий раз, когда в вашей жизни случается что-то хорошее, прежде всего делитесь этим с Богом. Если же происходит что-то плохое, вручайте проблему Богу и просите Его о помощи. Если вы чего-то не понимаете, обратитесь к Богу: расскажите Ему об этом, помолитесь о Его водительстве и о правильном понимании. Другими словами, соотносите все свои переживания с Богом.

В каждом человеческом сердце есть пустота, которую может заполнить только Бог. Пусть обретение Бога станет для вас наиважнейшей задачей.

Помните о Нем. Он так сильно вас любит.

Учитесь глубоко любить Бога. Если вам трудно это делать, непрестанно молитесь: «Боже, научи меня любить Тебя... Подари мне любовь. Вот он я, перед Тобой, разбитый, страждущий, опечаленный и разочарованный; я жажду понимания. Покажи мне, что такое любовь». Однажды ваш ум обретет полное умиротворение в блаженном присутствии Бога, и одно лишь упоминание Его имени будет пробуждать в вас любовь.

Мы должны быть искренни с Богом. Какой смысл говорить: «Я люблю Тебя, Господи!», если ваш ум занят чем-то другим? Но если вы произнесете имя Господа всего один раз, но с глубоким чувством, или если вы будете повторять его с нарастающей жаждой и концентрацией снова и снова, это изменит вашу жизнь.

Если я, разговаривая с кем-то из вас, буду смотреть на кого-то другого, на свои часы или в окно, вы подумаете: «В чем дело? Ее слова обращены ко мне, а думает она о чем-то другом! Она не проявляет ко мне никакого интереса». Именно такие чувства вызывает у Бога наша невнимательность.

Бог близок к нам ровно на столько, на сколько мы позволяем Ему приблизиться к нам в своих мыслях.

Если мы уверуем, что Бог находится от нас всего лишь на расстоянии мысли и неизменно о нас заботится, мы будем обращаться к Нему и испытывать радость в Его присутствии куда чаще.

Мы устремляемся к Нему лишь тогда, когда в нашей жизни происходит что-то ужасное. Но зачем дожидаться этого момента? Безмолвное воззвание сердца, обращенное к Богу, принесет вам Его сладостный ответ.

Если каждый из вас начиная с сегодняшнего дня сделает своей привычкой практиковать это безмолвное общение с Богом, преданно ждать Его ответа и прислушиваться к Нему, вы увидите, как скоро Он начнет отвечать на зов вашего сердца. А иначе и быть не может. Он отвечает, даже когда вы заняты своими делами.

Исследуйте тот внутренний мир, где вы можете проводить время с Богом, говорить с Ним, получать Его безмолвные заверения в том, что вы Ему очень дороги. Такие благодатные отношения с Богом возможны лишь в том случае, если вы все больше пребываете в своем «внутреннем замке», о котором говорила святая Тереза.

Если ваше стремление к Богу чистосердечно, ваше сердце переполняется любовью и радостью в тот самый момент, когда вы погружаетесь в себя и мысленно произносите имя Божественного Возлюбленного. Это то, чего жаждет каждый из нас. Эту радость и всепоглощающую любовь невозможно описать словами. Я понимаю, почему святым так легко соблюдать пожизненный обет молчания, ведь внутри них не прекращается благостный диалог между Богом и преданной Ему душой. Святые предпочитают не говорить много, дабы разорвавшиеся снаряды их слов не заглушали сладостный голос Бога внутри.

Каждого из нас Бог наделил внутренним храмом тишины, в который не может войти никто, кроме нас самих. Там мы можем пребывать наедине с Богом. Об этом не нужно много говорить. И это вовсе не отдаляет нас от наших близких, даже наоборот: это укрепляет наши отношения и делает их более стойкими и приятными.

Когда мы обращаемся непосредственно к Источнику, из которого проистекает вся любовь — любовь родителя к ребенку, ребенка к родителю, мужа к жене, жены к мужу, любовь между друзьями, — мы испиваем чашу неописуемой удовлетворенности.

Глубоко общайтесь с Господом бесконечной любви. Он всегда ждет вас в храме медитации.

Всегда помните: для Бога важнее всего то, что вы чувствуете в своем сердце.

Бог дал нам свободу мысли и уединения в святилище нашего ума. Никто не может лишить нас этой свободы и уединения. Поэтому Он и дал каждому из нас неисчислимые возможности выражения любви к Нему и общения с Ним. Никто не должен знать о нашем безмолвном внутреннем поклонении — сладостном и священном взаимообмене любовью и радостью.

Любовь — единственный достойный подарок, который мы можем преподнести Богу.

Бога привлекают сострадательные сердца. Он приходит к тем богоискателям, чей взор незамутнен, кто зрит Его в каждом творении. Держите в уме, что это Сам Бог принял обличье всех людей, чтобы проверить, как вы себя поведете по отношению к Нему.

Стремитесь сопереживать, как сопереживает Своим детям Господь. Мы сможем взрастить в себе такую же доброту и участливость, если будем мысленно молиться: «Господи, помоги мне возлюбить эту душу так, как любишь ее Ты».

Все живое откликается на любовь. Божественная любовь святого Франциска была настолько велика, что даже пугливые и агрессивные Божьи существа теряли страх и враждебность в его присутствии. Каждый проводник божественной любви становится духовным магнитом, который излучает силу, способную привнести гармонию в дисгармонию.

В индийских писаниях говорится: «Человек должен прощать, каким бы ни был нанесенный ему ущерб… Все мироздание держится на прощении. Прощение — это сила сильнейшего, прощение — это жертва, прощение — это покой ума. Способность прощать и доброжелательность есть качества того, кто достиг самообладания. Они олицетворяют вечную добродетель».

Старайтесь жить этим идеалом, даря всем доброту и целительную любовь. И тогда вы почувствуете, как в ваше сердце вливается всеохватывающая Божья любовь.

Не позволяйте себе быть слишком чувствительным, взбудораженным эмоциями, телесными позывами и внешними обстоятельствами. Старайтесь все время пребывать во внутреннем покое души. Именно там ваш истинный дом.

Вот уже много лет на моем письменном столе лежит записка с этой вдохновенной мыслью:

«Смирение — это когда на сердце неизменный покой; когда нет волнений и тревог, беспокойства, раздражения, разочарования и душевной боли.

Смирение — это когда ничего не ожидаешь; не думаешь о том, что тебе сделали; не чувствуешь того, что сделано тебе во вред.

Смирение — это когда ты спокоен, если не получаешь похвалы или если тебя в чем-то обвиняют и ненавидят.

Смирение — благословенный дом внутри,

в который ты можешь войти, закрыть за собою дверь, тайно преклониться перед Отцом и погрузиться в покой словно в глубокое море, когда вокруг бушует дикий шторм»*.

Такое чувство покоя и защищенности достигается, когда ум сконцентрирован на Боге.

---

* Кэнон Т. Т. Картер (1809–1901).

Иной раз мы преисполняемся недовольства, обид и беспокойных желаний, но знаете ли вы, в чем на самом деле проблема? Наши страдания порождены одиночеством и внутренней опустошенностью, причина которых кроется в том, что мы не знаем Бога. Наша душа помнит совершенную любовь, которую мы однажды вкусили, когда пребывали в полном единении в Божественным Возлюбленным. И в пустыне этого мира мы плачем по той любви.

Люди неустанно ищут покой и гармонию в материальных вещах и во внешних переживаниях, но их невозможно найти таким образом. Бывает, после любования прекрасным закатом или поездки в горы или на море вы какое-то время ощущаете умиротворенность. Но даже самое прекрасное окружение не принесет вам покоя, если внутри у вас нет гармонии.

Секрет привнесения гармонии во внешние обстоятельства состоит в том, что ваша душа должна пребывать в гармонии с Богом.

Господь сотворил каждого человека по Своему божественному образу. Этот образ — *атман,* душа — находится внутри каждого из нас… Если вы вступаете в противоречие с этой сущностью, вы становитесь грубым, нервным, раздражительным; вы становитесь жертвой низкой самооценки и других видов умственной дисгармонии.

Восстановив божественную связь между своей душой и Господом, вы воистину познаете, как надо жить. Вы ощутите могучий поток покоя, любви и блаженства, который струится внутри вас и приносит вам вечное удовлетворение.

«Господи, Ты во мне, и я в Тебе». Погрузитесь умом в эту мысль-аффирмацию... Повторяйте ее снова и снова, пытаясь ощутить истину, которая за ней стоит. Почувствуйте, как Божья жизненность наполняет вас силой, покоем, пониманием, радостью — всем, в чем вы нуждаетесь материально, психологически или духовно. Ощутите, как сдерживающие вас рамки страха, ограниченности, слабости и одиночества исчезают, когда вы оказываетесь в Его всепронизывающих объятиях.

Осознайте, что мы не одни, что мы никогда не были и не будем одни.

У Бога нет любимчиков. Он любит каждого из нас в той же степени, в какой любит Своих великих святых.

В индуистских писаниях говорится, что даже мысленное произношение имени Бога может даровать человеку спасение. Когда я впервые об этом прочитала, я не поняла, как такое возможно. Позже я осознала, что это действительно возможно, но только в том случае, если сия мысленная молитва подкреплена пылкой жаждой души: «Господи, я люблю только Тебя, я хочу только Тебя, я жажду только Тебя».

Многие богоискатели говорят: «Но я и так молюсь». Христианин может сказать: «Я читаю молитвы каждый день уже на протяжении двадцати трех лет»; мусульманин может ответить: «Я совершаю *намаз* на протяжении двадцати трех лет»; индуист может заверить: «Я практикую *джапу* и исполняю *пуджу*». И все же каждый из них жалуется: «Я не уверен, что продвигаюсь духовно. Мой ум все еще беспокоен. Я все еще нервозен. Почему?» Это случается оттого, что практика становится механической. Вы не можете завоевать чью-либо любовь механическим повторением слов любви. Любовь должна исходить из сердца. Именно этого очень часто не хватает в духовной практике.

Бога можно найти разными методами, но основу каждого из них составляет преданная любовь. Что служит основой отношений между людьми, что привлекает их друг к другу, как не любовь? Что влечет нас к ребенку, как не любовь? Что вообще влечет нас к человеку, как не любовь? Если вы посмотрите ребенку прямо в глаза и скажете ему: «Я люблю тебя, дитя мое», он вам поверит. Но если мама скажет: «Я люблю тебя», а сама при этом будет смотреть по сторонам, ребенок ответит: «Мам, посмотри на меня. Скажи это, глядя на меня. Скажи это *мне*». Мы не ошибемся, если предположим, что Бог испытывает те же чувства.

В Бхагавад-Гите Господь говорит: «Кто видит Меня везде и все видит во Мне, тот никогда не теряет Меня из виду, и Я не теряю из виду его». Я молюсь, чтобы отныне вы во всем зрели Возлюбленного. Он всегда о нас помнит — это мы забываем о Нем.

Давайте же исполнимся преданной любви и устремимся к нашему Единому Возлюбленному, говоря Ему: «Я люблю Тебя, Господь. Ты мне родной. Я бы не смог никого любить — ни моего ребенка, ни моих родителей, ни моего мужа, ни мою жену или кого-либо еще, — если бы Ты не даровал мне способность любить. Вот почему моя любовь к Тебе превыше всего. Я люблю Тебя, Господи».

Величайшую радость можно познать лишь в общении с Богом на языке своей души. Он есть та любовь, которая никогда нас не разочарует. Я говорю об этом, основываясь на своем многолетнем опыте. И поэтому я призываю вас: любите Бога, любите Бога, и еще раз любите Бога.

Опьяняйтесь Богом, ибо Он есть сама Любовь.

Если вы взрастите доверительные отношения с Богом, то всякий раз, когда вы будете впадать в разочарование или терпеть неудачу, вы будете осознавать: они приходят в вашу жизнь от Самого Бога как напоминание о том, что вы не должны о Нем забывать.

Как это замечательно — взращивать такие отношения с Божественной Матерью, в которых вы ощущаете Ее присутствие постоянно, даже во времена невзгод и больших нагрузок. Если вам удалось достичь такой близости, вы можете говорить с Ней о чем угодно, вы можете слышать Ее нежный ответ и ощущать Ее поддержку. Вы обращаетесь к Ней не для того, чтобы оправдаться или пожаловаться на несправедливость, а чтобы, подобно ребенку, потянуть Ее за краюшек платья и сказать: «О Божественная Мать, посмотри, что Ты со мной делаешь?»

Трудности приходят не для того, чтобы уничтожить или наказать нас, но для того, чтобы пробудить в нас несокрушимость души… Суровые испытания, через которые мы проходим, есть не что иное, как тень Божьей руки, простертой в жесте благословения. Господь очень хочет помочь нам выбраться из *майи,* этого мира болезненной двойственности. Все трудности, через которые мы проходим с Его санкции, необходимы для того, чтобы мы могли поскорее вернуться к Нему.

Говорите с Богом как ребенок. Делайте это каждую ночь, и ваша жизнь укоренится в Нем. Вы уподобитесь могучему дереву, которое клонится под ветром, но никогда не ломается. Щуплое деревце трещит и падает от легкого порыва ветра. Жизненный опыт может склонить истинно верующего человека, но он никогда не собьет его с ног, ибо тот глубоко пустил свои корни в Божественном.

Самый простой способ одержать победу в битве жизни — постоянно удерживать мысль о Боге в своем сознании.

Чтобы не лишиться чувства внутреннего покоя и равновесия при выполнении огромного количества обязанностей, нужно помнить несколько ключевых моментов. Прежде всего, каждый свой день нужно начинать с медитации. Те, кто не занимается медитацией, никогда не познают необыкновенный покой, который приходит в результате умственного самоуглубления. Мысли не могут проложить путь к этому состоянию покоя, ибо он находится за пределами сознательного ума и мыслительных процессов. Именно поэтому методы йогической медитации, которым учил

Парамаханса Йогананда, столь великолепны, их должен освоить весь мир. При правильном их применении вы воистину начинаете чувствовать, что плаваете в океане покоя. Начинайте свой день с погружения в это состояние внутреннего умиротворения.

В течение рабочего дня необходимо время от времени делать паузу и спрашивать себя: «О чем я сейчас думаю? Помню ли я о Боге или же с головой ухожу во внешние обязанности?» Если вы практикуете медитацию, а потом стараетесь выполнять все свои дела с мыслью о Боге, вы автоматически становитесь сбалансированным, более спокойным индивидуумом, способным действовать, руководствуясь не эмоциями, а более глубоким чувством, исходящим из состояния внутренней умиротворенности.

Когда вы очень заняты и вас со всех сторон обступают проблемы, не так-то и легко остановиться и мысленно сказать: «Мой возлюбленный Господь, Ты все еще со мной?» Если после такого безмолвного призыва вы чувствуете Его утешающее присутствие, это придает вам уверенности в том, что вы духовно растете.

Если вы последуете моим советам, в один прекрасный день ваше сознание укоренится в медитативном состоянии, оно всегда будет с Богом. Истинно верующий человек уподобляется брату Лаврентию*: подметал ли тот полы или поклонялся Богу у алтаря, его ум всегда был поглощён Господом. Именно к такому состоянию вам нужно стремиться; но это требует усилий, одного лишь воображения тут недостаточно. Придёт время, когда вы сможете вмиг погружаться в себя даже во время работы; вы будете чувствовать внутри себя бурлящий источник любви, мудрости и

---

* Брат Лаврентий Воскресения (1614–1691) — автор классической духовной книги «Практика Божьего присутствия».

радости. Тогда вы сможете сказать: «О, да ведь Господь всегда со мной!» Это и есть плод вашей медитации, который вы можете вкушать в любое время — как в покое общения с Богом, так и в повседневной активности.

Любовь — единственная Реальность, ничто другое не способно заинтересовать и увлечь нашу душу надолго. Много лет назад я сказала Парамахансе Йогананде:

— Есть лишь одна вещь, которой я жажду в этой жизни, — любовь. Но я хотела бы получить ее от Бога.

Его ответ глубоко тронул меня:

— Тогда я скажу тебе вот что: наполняй этой жаждой свою медитацию, глубоко погружайся в медитацию — настолько глубоко, чтобы твой ум преисполнился стремления к божественной любви, к Богу, и тогда ты познаешь Того, кто есть Любовь.

Найдите в своем доме укромный уголок, где вы сможете побыть наедине с собой. Неважно, встревожены вы или полны радости и покоя, — садитесь и общайтесь с Богом на языке своего сердца. Если вы настойчивы, Он обязательно вам ответит, иначе и быть не может. Чем больше вы говорите с Ним, приобщаясь к Нему в глубинах своего сердца, а не повторяя заученные слова, словно попугай, тем скорее вы почувствуете внутри себя Его спонтанный отклик. Мы можем познать Бога, мы можем общаться с Ним и чувствовать Его любовь в своих сердцах.

Никакая любовь не сравнится с любовью Господней.

Молитесь Ему на языке своей души: «Ты наполняешь мои мысли, Ты наполняешь мое сердце, Ты наполняешь мое дыхание, Ты наполняешь любовью моих близких. Ты, лишь только Ты!»

Бог — единственный, Кто сопровождает нас, когда мы приходим в этот мир. Он ведет нас по жизни — при условии, что мы позволяем Ему это делать. И Он тот единственный, кто остается с нами, когда мы покидаем этот мир.

Глубоко взывайте к Богу. Говорите с Ним на языке своего сердца. Изливайте Ему свою душу. Какими бы ни были ваши проступки, не бойтесь обращаться к Нему. Он знает, какие мы внутри, от Него ничего нельзя утаить. Помните, что Он есть сама любовь, Он полон сострадания и понимания. Бог прекрасно знает, как сильна та иллюзия, которой Он напитал этот мир. Он беспрестанно пытается помочь нам выбраться из нее, убеждая нас: «Ищите Меня, ищите Меня! Возлюбите Меня. Прильните ко Мне!»

Никогда не отдаляйтесь от Бога. Никогда! Он ближе всех, кто нам близок, дороже всех, кто нам дорог.

Наши отношения с Богом становятся простыми и сладостными, если мы стремимся помнить о том, что Он всегда рядом. Если же в своем поиске Бога мы жаждем каких-то чудес или необыкновенных переживаний, нам сложно будет постичь, что в действительности Он постоянно нам отвечает, причем самыми разными путями.

«Всегда радуйтесь, — говорит нам Священное Писание. — Непрестанно молитесь. За все благодарите». Когда мы с благодарностью признаем доброту и любовь нашего Небесного Отца, мы углубляем свою сонастроенность с Ним. Признательность открывает наши сердца навстречу изобилию Божьей любви в ее многочисленных появлениях.

Всякий раз, когда вы получаете от кого-либо помощь, помните, что это Сам Бог одаривает вас через благодетеля. Когда люди говорят о вас приятные слова, помните, что это Сам Бог вещает их устами. Когда в вашей жизни происходит нечто прекрасное, помните, что это подарок от Самого Бога. Абсолютно все в своей жизни соотносите с Богом.

Ищите хорошее во всём, что с вами происходит, с благодарностью думая о Подателе всех даров.

Бог отвечает верующему, доверяющему Ему так, как ребенок доверяет своей восприимчивой матери, всегда готовой его выслушать.

Когда напряжение, нетерпение и беспокойство затуманивают ваше сознание, вы не в состоянии обнаружить Божье присутствие внутри себя. Бога нужно ждать смиренно, не тревожась. Рабиндранат Тагор прекрасно описал это ожидание:

Разве ты не слышишь Его бесшумные шаги?
Он приходит; Он всегда приходит.

Чтобы услышать эти «бесшумные шаги», медитирующий должен пребывать во внутренней тишине, ожидая Его преданно и благоговейно. Тогда он начнет чувствовать, как в нем пробуждается эта Радость, эта Любовь, это Божественное Присутствие, и осознает, что «Он приходит; Он всегда приходит».

Если вы приняли твердое решение не сдаваться, несмотря ни на что, то по мере своего духовного продвижения вы начнете ощущать внутри себя такую сладость, о которой даже не мечтали: это неразрывный диалог с Богом… Установив такие отношения с Господом, вы начинаете по-настоящему радоваться жизни.

Если вы любите Бога, ваши мысли всегда вращаются вокруг Него. Вы обретаете покой в вечной истине, не тревожась о непостоянствах мирского бытия. Вы погружаетесь в безмятежные океанические глубины Его присутствия, где никакие поверхностные бури не могут вас задеть. Нет более чувства неопределенности, боязни что-либо потерять или быть раненым, даже страха перед смертью больше нет.

Единственный смысл жизни состоит в том, чтобы найти Бога. Любите Его.

Об авторе

Шри Дайя Мата (1914–2010), чье имя переводится с санскрита как «Мать сострадания», вдохновляла людей всех религий и профессий своей мудростью и беззаветной любовью к Богу, обретенными благодаря ежедневной медитации и молитвам на протяжении более семидесяти пяти лет. Шри Дайя Мата была одной из образцовых учениц Парамахансы Йогананды. Она вступила в основанный им монашеский орден в возрасте семнадцати лет, а в 1955 году стала одной из первых женщин, назначенных на пост главы всемирной религиозной организации.

В качестве президента Self-Realization Fellowship*, духовно-гуманитарного обще-

---

* Букв. «Содружество Самореализации»; произносится как [сэлф риализэйшн феллоушип]; сокр. SRF [эс-эр-эф]. Парамаханса Йогананда объяснил, что название общества означает «союз с Богом через Самореализацию (осознание своего истинного „Я") и братскую дружбу со всеми искателями Истины».

ства, основанного Парамахансой Йоганандой в 1920 году и возглавляемого ею вплоть до ее кончины в 2010 году, она неоднократно отправлялась в мировые лекционные турне, а также выпустила два сборника своих лекций и неформальных бесед: *Only Love: Living the Spiritual Life in a Changing World* (рус. «Только любовь. Как жить духовной жизнью в изменчивом мире») и *Finding the Joy Within You: Personal Counsel for God-Centered Living* (рус. «Как найти радость внутри себя. Духовные советы о том, как сделать Бога центром своей жизни»).

О Парамахансе Йогананде

Парамаханса Йогананда широко известен как один из наиболее выдающихся духовных деятелей нашего времени. Он родился в Северной Индии в 1893 году; более тридцати лет — вплоть до своей кончины в 1952 году — он прожил в Соединенных Штатах, где распространял древнюю индийскую науку медитации и обучал искусству гармоничной духовной жизни. Изданная огромными тиражами «Автобиография йога», а также другие книги Парамахансы Йогананды познакомили миллионы читателей с неувядающей мудростью Востока. Его духовная и гуманитарная работа продолжается обществом Self-Realization Fellowship, основанным самим Парамахансой Йоганандой в 1920 году для распространения своих учений по всему миру.

Книги Парамахансы Йогананды на русском языке

Издательство Self-Realization Fellowship

Доступны на сайте www.srfbooks.org и в других книжных интернет-магазинах

«Автобиография йога»

«Закон успеха»

«Вечный поиск»

«Божественный роман»

«Как говорить с Богом»

«Почему Бог допускает зло»

«Метафизические медитации»

«Высказывания Парамахансы Йогананды»

«Научные целительные аффирмации»

«Быть победителем в жизни»

«Жить бесстрашно»

«Религия как наука»

«Внутренний покой»

*В издательстве «София» (www.sophia.ru)
можно приобрести следующие книги:*

«Автобиография йога»

«Бхагавадгита: Беседы Бога с Арджуной»

Другие издания Self-Realization Fellowship на русском языке

«Только любовь»
Шри Дайя Мата

«Как найти радость внутри себя»
Шри Дайя Мата

«Отношения между гуру и учеником»
Шри Мриналини Мата

«Проявление Божественного сознания в повседневной жизни»
Шри Мриналини Мата

Книги Парамахансы Йогананды на английском языке

Доступны напрямую у издателя:
Self-Realization Fellowship
3880 San Rafael Avenue • Los Angeles,
California 90065-3219
Тел. (323) 225-2471 • *Факс* (323) 225-5088

www.srfbooks.org

Autobiography of a Yogi

The Second Coming of Christ:
The Resurrection of the Christ Within You
Комментарий-откровение изначального учения Христа

God Talks with Arjuna: The Bhagavad Gita
Новый перевод и комментарии

Man's Eternal Quest
Первый том собрания лекций, эссе и неформальных бесед Парамахансы Йогананды

The Divine Romance
Второй том собрания лекций, эссе и неформальных бесед Парамахансы Йогананды

Journey to Self-Realization
Третий том собрания лекций, эссе и неформальных бесед Парамахансы Йогананды

Wine of the Mystic:
The Rubaiyat of Omar Khayyam — A Spiritual Interpretation
Вдохновенный комментарий, проливающий свет на мистическую науку общения с Богом, на которую указывают таинственные образы «Рубайята»

Where There Is Light:
Insight and Inspiration for Meeting Life's Challenges

Whispers from Eternity
Собрание вдохновенных молитв Парамахансы Йогананды и его запечатленных переживаний во время общения с Богом в высших стадиях медитации

The Science of Religion

The Yoga of the Bhagavad Gita:
*An Introduction to India's
Universal Science of God-Realization*

The Yoga of Jesus:
*Understanding the Hidden Teachings of the
Gospels*

In the Sanctuary of the Soul:
A Guide to Effective Prayer

Inner Peace:
How to Be Calmly Active and Actively Calm

To Be Victorious in Life

**Why God Permits Evil and How to Rise Above
It**

Living Fearlessly:
Bringing Out Your Inner Soul Strength

How You Can Talk With God

Metaphysical Meditations
Более трехсот вдохновенных медитаций и одухотворенных молитв и аффирмаций Парамахансы Йогананды

Scientific Healing Affirmations
Парамаханса Йогананда дает здесь глубокое объяснение принципу действия целительных аффирмаций

Sayings of Paramahansa Yogananda
Короткие истории, в которых запечатлены искренние, пронизанные любовью советы и наставления Парамахансы Йогананды всем тем, кто обращался к нему за духовным руководством

Songs of the Soul
Мистическая поэзия Парамахансы Йогананды

The Law of Success
В этой книге Парамаханса Йогананда объясняет динамические принципы достижения целей

Cosmic Chants
Слова и музыка к шестидесяти духовным песням на английском языке; также прилагается вводная статья о том, как духовное пение способствует общению с Богом

DVD (документальный фильм)

Awake: The Life of Yogananda
Отмеченный наградами документальный фильм о жизни и работе Парамахансы Йогананды

Уроки Self-Realization Fellowship

Личные наставления и инструкции Парамахансы Йогананды по техникам йогической медитации и принципам духовной жизни

Если вы чувствуете тягу к познанию духовных истин, описанных в книге «В тишине сердца», мы предлагаем вам подписаться на *Уроки Self-Realization Fellowship* (*Self-Realization Fellowship Lessons*).

Парамаханса Йогананда разработал эту серию уроков для домашнего обучения с той целью, чтобы искренние искатели имели возможность самостоятельно изучать и практиковать древние йогические техники медитации, которые он представил Западу, — включая науку *Крийя-йоги*. *Уроки SRF* содержат, помимо прочего, практическое руководство по обретению сбалансированного физического, психологического и духовного благополучия.

Уроки Self-Realization Fellowship распространяются за символическую плату, чтобы покрыть расходы по печати и отправке материалов по почте. Все обучающиеся могут рассчитывать на бесплатную консультацию по практическим аспектам уроков со стороны монахов и монахинь общества Self-Realization Fellowship.

Если вы желаете знать больше…

Пожалуйста, посетите веб-сайт www.srflessons.org, чтобы запросить брошюру с исчерпывающей информацией по *Урокам SRF*.

www.ingramcontent.com/pod-product-compliance
Lightning Source LLC
Chambersburg PA
CBHW020006050426
42450CB00005B/338